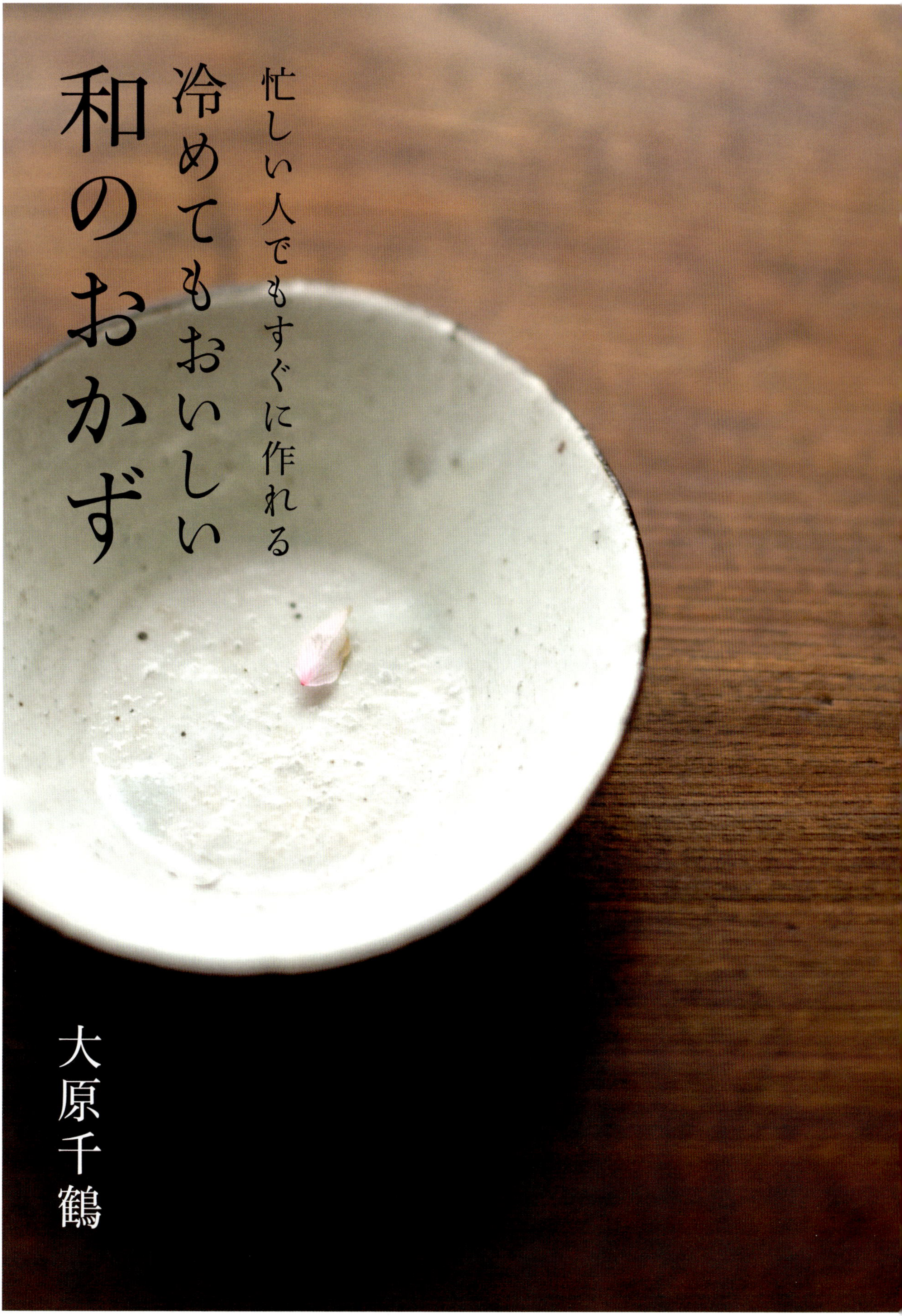

忙しい人でもすぐに作れる

冷めてもおいしい
和のおかず

大原千鶴

目次

和える…50

れんこんなます…51
わかめ、新玉ねぎ、削り節の二杯酢…52
たこと野菜の三杯酢…53
さつまいものとろり白和え…54
大根とほうれん草のざっくり白和え…55
ほうれん草のごま和え…58
きゅうりと油揚げのごま酢和え…58
さやいんげんの練りごま和え…59
サニーレタスのごま酢じょうゆ…59
菜の花の辛子和え…62
麩の辛子酢みそ和え…63
かぶの梅だれ…64
焼きピーマンの砂糖じょうゆ…65

第二章 肉と魚の作りおきおかず…68

ゆで豚…70
ゆで豚と大根のスープ…72
かぶとゆで豚の煮もの…73
ゆで鶏…74
コラーゲンゆで鶏…76
鶏粥…77
鯖のみそ煮…78
かつおの直《じか》煮…80
焼き鯵のねぎみそ…81
照り焼きチキン…82
煮豚と煮卵…84
さんまの有馬煮…86
いわしの青しば煮…87
豚そぼろ…88
鶏ひき肉と青じそのそぼろ…90
鮭そぼろ…91
和風ローストチキン…92
ポン酢ローストビーフ…94

コラム

水だし…25
塩もみ野菜、塩混ぜ野菜…66

この本の決まり

○計量に使う小さじは5㎖、大さじは15㎖、1カップは200㎖です。
○この本に出てくるだし汁は、25ページに記載している昆布、削り節、煮干しでとった水だしを使用しています。昆布かつおだしでも代用できます。
○保存期間は目安です。料理を保存する際には殺菌した保存容器を乾かし、密閉して冷蔵庫に入れて保存してください。

冷めてもおいしい
作りおきおかずは、
忙しい女性の味方です。

食事は生きていくうえで欠かせないもの。
特に、子どもの成長や家族の健康を考えれば
料理は手作りにこしたことがないのはわかっています。
けれど、そうはいかないほど女性は忙しい。
それも現実です。

そこで、できたてもおいしいけれど、
冷めても、翌日もおいしい
覚えておくと便利な和のおかずを
この一冊にまとめました。
作りおきおかずがあると便利なだけでなく、
安心でき、毎日の食卓に余裕が生まれます。
作りおきおかずをうまく活用すれば、
毎回毎回、時間をかけていちから作らなくても、
無理せず、手作りの味を家族と楽しめます。

和のおかずは、かんたん。しかも、和食は作りおきおかずに向いています。

この本では、少ない素材と
家にある基本調味料でできる
なじみのある料理ばかりを紹介しています。
和食は本来、日本の家庭料理。
難しそうに見えても、
意外と手軽に作れるものばかりです。
そして和食は、
料理ができあがってから冷める間に
味が染みておいしくなるものが多いので、
作りおきおかず向き。
しかも、使う油分が少ないから、
冷めたまま食べてもおいしく感じやすいのです。
この本でご紹介している和のおかずは
わが家では何度も登場しているものばかり。
一度、試して味加減がわかったら、
家族の好みの味つけに変えるなどして
毎日の食卓をラクにまわしてください。

第一章

冷めてもおいしい 翌日もおいしい ふだんのおかず

和食には、「できたてのおいしさ」と同じように
「冷めてなじんだおいしさ」もあります。
なぜなら、洋食にくらべて
使う油分が少ないうえに、
うまみのあるだし汁や和の調味料が
味のベースだから。
できたては少し薄いな、と感じても、
味が染みてなじむうちにちょうどご飯に合う味に。
だから、いつでもできたてにしなきゃ、と
毎日、がんばる必要はありません。

おいしく作るポイント

炒める

具材の水分がなくなるまで
しっかり炒めると、
翌日も水っぽくなりません。

煮る

だしの風味を楽しむ料理は、
薄口しょうゆであっさりと。
甘辛の煮ものは濃い味をからませます。

和える

そのまま食べておいしい味加減にして
和え衣の味を決めたら、野菜の水分を
しっかりしぼって和えます。

ひたす

揚げたり、焼いたり、ゆでたりして
食材の水分を出してから、
時間をかけて味を染み込ませます。

煮る

冷める間に味が染みて
おいしくなる、和の煮炊きもの。
素材を生かすみそ、しょうゆなどの
発酵調味料が味を決め、
昆布かつおだしのうまみが
料理の味を深めます。
だしは材料を水につけるだけでできる
水だし（25ページ）を使うと便利。
肉や魚は冷めても油浮きしにくいように
脂の少ないものを選びます。
だしを含ませる料理は、薄味にすると
具の中に味が入りやすく、
しょうゆ味やみそ味を際立たせたい料理は
素材に火を通してから、
濃い味をさっとからませます。

ひと晩おいて
だしがたっぷり染みたなすは、
至福の味。

なすの丸煮

材料（3〜4人分）

なす…5本（400g）
だし汁…500㎖
みりん…70㎖
しょうゆ…50㎖
干しえび…6個（3g）
生姜のすりおろし…適量

作り方

1 なすはガクを切り取り、縦に5mm間隔に切り込みを入れ、水に10分つけてアクを抜く。

2 鍋にだし汁、みりん、しょうゆ、干しえびを入れて沸かし、水気をきった1を入れて一度煮立てる（a）。落としぶたをして弱火で15分、やわらかくなるまで煮る（b）。火を止めてそのままおく。粗熱が取れたら、保存容器に煮汁とともに入れ、冷蔵庫にひと晩以上おく。

3 器に盛り、生姜を添える。

＊日持ちは冷蔵庫で5日間

a

調味料を加えた煮汁を沸かしてから、なすを入れ、落としぶたをして煮ます。

b

落としぶたをすることでなすが浮かず、味がよく染み込みます。

ひらひら大根と豚肉のさっと煮

材料（3〜4人分）

大根…¼本（300g）
豚ロース薄切り肉
（しゃぶしゃぶ用）…100g
だし汁…300mℓ
みりん…大さじ2
薄口しょうゆ…大さじ1
塩…小さじ½
すだち…½個
細ねぎ…適量

作り方

1 大根はスライサーで薄い輪切りにする。

2 鍋にだし汁、みりん、薄口しょうゆ、塩を入れて煮立たせる。豚肉を入れ(a)、肉の色が白くなったら1を加え(b)、混ぜながら2〜3分煮る。大根がしんなりしたら火を止める。

3 2を器に盛り、すだち（なければ好みのかんきつ類でよい）と4〜5cm長さに切った細ねぎを添え、すだちをしぼって食べる。

＊日持ちは冷蔵庫で3日間

a

豚肉はしゃぶしゃぶ用を使えば、さっと火が入ります。肉に火が入ったら、すぐに大根を入れます。

b

大根はスライサーで削ると同じ薄さになるので、火の通りが均一になります。すぐに煮えるので、豚肉がかたくなりません。

さっと火が入るから、忙しい時でも
大根の煮ものが楽しめます。

牛ごぼう

牛肉とごぼうは
相性バツグン。
煮詰めた甘辛味を
からめます。

材料（3～4人分）

牛こま切れ肉…200g
ごぼう（細めのもの）
　…3本（180g）
酒…50㎖
砂糖、しょうゆ…各大さじ3
生姜のせん切り…4g
木の芽（あれば）…適量

作り方

1 ごぼうは洗って泥を落とし、5mm厚さの斜め切りにして水にさらす（a）。

2 鍋に酒、砂糖、しょうゆ、生姜を入れて煮立たせる。牛肉を入れて混ぜ、肉の色が変わったら水気をきった1を加えてふたをし、弱火でごぼうがやわらかくなるまで3分ほど煮る。ふたを取り、煮汁がほぼなくなるまで中火で混ぜながら煮詰める（b）。

3 2を器に盛り、あれば木の芽をあしらう。

＊日持ちは冷蔵庫で5日間

a

ごぼうは水にさらしてから煮ると、きれいに煮上がります。

b

煮汁を煮詰めることで、濃い味がからみます。

さといもといかの煮もの

かたくなりやすいいかは、
さといもが煮えてから、
さっと煮てやわらかく。

材料（3〜4人分）

さといも…8個（500g）
するめいか…1ぱい
だし汁…400mℓ
砂糖…大さじ1
しょうゆ…大さじ3
生姜の薄切り…6g
塩…適量
柚子の皮のせん切り
（あれば）…適量

※いかの下処理
いかはワタごと足を引き抜き、胴は軟骨を除いてきれいに洗う。足はワタと目を切り落とし、口の部分を取って洗う。

作り方

1 さといもは皮をむいて塩でもんだ後(a)、水でぬめりを洗い流す。

2 いかは下処理をし、※胴は1cm幅の輪切りに、足は食べやすく切る。

3 鍋に1を入れ、だし汁（ひたひたになるくらい）を加え、ふたをしてさといもがやわらかくなるまで10分ほど煮る。砂糖、しょうゆ、生姜、2のいかを加え、強火で一気に煮詰める。煮汁がほぼなくなったら器に盛り、あれば柚子の皮をあしらう。

＊日持ちは冷蔵庫で3日間

a

さといもは塩もみをしてから、ぬめりを洗い流せば、下ゆでする湯を沸かす必要はありません。

鶏肉で作るとやさしい味に。
薄味だから、野菜の風味が際立ちます。

鶏じゃが

材料（3〜4人分）

鶏もも肉…1枚（300g）
じゃがいも…3個（450g）
にんじん…1本（150g）
玉ねぎ…1個（200g）
さやいんげん…10本
だし汁…300mℓ
みりん…80mℓ
薄口しょうゆ…60mℓ
塩、こしょう…各少々
片栗粉…適量

作り方

1　じゃがいもは皮をむいて4〜6等分に切る。にんじんは皮をむいて1cm厚さの輪切りにする。玉ねぎは6等分のくし形切りにする。さやいんげんはへたを取る。

2　鶏肉は一口大に切って塩、こしょうをふり、片栗粉を薄くまぶす。フッ素樹脂加工のフライパンを熱して鶏肉を入れ、表面を焼きつける（a）。

3　鍋に1のじゃがいも、にんじん、玉ねぎ、だし汁を入れ、野菜がやわらかくなるまで煮る。2とさやいんげんを入れ、みりん、薄口しょうゆを加え（b）、鶏肉に火が通るまで7〜8分煮る。

＊日持ちは冷蔵庫で3日間

a

鶏肉は片栗粉をまぶして焼いてから煮ます。うまみが逃げず、味がからみやすく、煮汁に適度なとろみがつきます。

b

調味料類を加えるのは、野菜が煮えてから。先に調味料を加えると野菜がよく煮えません。

ほたて貝柱のうまみが染みた
とろりとした冬瓜は、冷やしてもまたおいしい。

冬瓜と貝柱の炊いたん

材料（3〜4人分）

冬瓜…½個（500g）
ほたて貝柱の缶詰…1缶（固形量55g、内容量125g）
だし汁…約200㎖
薄口しょうゆ…大さじ1
生姜のすりおろし…適量

a

冬瓜がやわらかく炊ければいいので、皮は少し厚めにむきます。小さく切ってから皮をむくとむきやすいです。

作り方

1. 冬瓜は種とわたを取り除いて食べやすく切り、皮をむく（a）。鍋に冬瓜、ひたひたの水を入れてゆで、やわらかくなったらざるにあげる。

2. 鍋に1を入れ、ほたての貝柱を缶汁ごと加え、だし汁を足してひたひたにする。火にかけ、煮立ったら薄口しょうゆで味をととのえ、5分ほど煮含める。

3. 器に盛り、生姜をのせる。

＊日持ちは冷蔵庫で3日間

かぼちゃと さつまいもの煮もの

材料（3〜4人分）

かぼちゃ
…⅛個（200g）
さつまいも
…1本（180g）
塩…小さじ¼

作り方

1 かぼちゃは種とわたを除いて一口大に切る。さつまいもは皮つきのまま、1.5cm幅に切る。かぼちゃ、さつまいもは面取りをする。

2 鍋に1とひたひたの水を入れ、塩を加えて中火にかける（a）。煮立ったら火を弱め、5分ほど煮てやわらかくなったら火を止める。

＊日持ちは冷蔵庫で3日間

a

かぼちゃとさつまいもの甘みを生かしたいので、だし汁は使わず、少量の塩を加えた水でで煮ます。

かぼちゃとさつまいもはよく合います。
余分な味はあえて入れません。

高野豆腐と野菜の煮もの

材料（3〜4人分）

高野豆腐…4枚（70g）
オクラ…1袋
ミニトマト…10個
だし汁…600㎖
砂糖…大さじ3
みりん…大さじ2
薄口しょうゆ…大さじ1

作り方

1 オクラはガクをむいて下ゆでし、ミニトマトは湯むきする。

2 浅い鍋にだし汁、砂糖、みりん、薄口しょうゆを入れて（a）煮立てる。高野豆腐を入れてふたを少しずらしてのせ（b）、煮立ったら中火で15分煮る（c）。火を止めて1を入れ、そのまま冷ましながら味を含ませる。

＊日持ちは冷蔵庫で3日間

a

高野豆腐の煮ものの味つけは、煮る前に味をみてもわかりにくいため、煮汁の材料の分量をきっちり計ります。この配合を覚えておくと便利です。

b

煮る時には、ふたをほんの少しずらしてのせます。煮汁が蒸発しすぎず、ちょうどよい具合に炊くことができます。

c

煮汁がここまで減ったら、煮上がりの目安。減った分の煮汁は高野豆腐がたっぷり含んでおいしい仕上がりに。

この煮汁の配合で作れば、
高野豆腐のおいしさを見直します。
ほんのりとした甘みが絶妙の味加減。

昆布豆

材料（3〜4人分）

ゆで大豆…1カップ
刻み昆布…20g
にんじん…1/3本（50g）
みりん…大さじ3
しょうゆ…大さじ2

作り方

1 刻み昆布はさっと洗って袋の表示通りにもどし、ざるにあげる。にんじんは皮をむいてせん切りにする。

2 鍋に昆布、ゆで大豆を入れて火にかけ、みりん、しょうゆを加え、ほぼ煮汁がなくなるまで煮る。にんじんを加え、煮汁がなくなるまで炒めながら煮る（a）。

＊日持ちは冷蔵庫で5日間

a

昆布、にんじんから水分が出るので、その水分もとばしながら煮汁がなくなるまで煮ます。

大豆のゆで方

大豆（乾物）…1と1/2カップ

大豆はさっと洗う。鍋に水6カップを沸かして大豆を入れ、ふたをして1時間おいてもどす。そのまま中火にかけ、煮立ったら弱火にして40〜50分ゆでる。使わない分は、冷めてから保存袋に入れ、冷凍しておくと便利。

1

1時間で十分もどります。

2

ゆでる。火加減は弱火で。

3

つやつや、ふっくら。

豆は家でゆでてこそ、
本当のおいしさがわかります。
ひと晩は待っていられません。
私がいつもやっているこの方法なら、
作ろうと思い立ったその日に
香り豊かな豆料理が楽しめます。

あるとうれしい。食べるとほっとする。
そんな食べ飽きない味。
豆を味わいたいので、
ほかの具は昆布、にんじんで軽やかに。

切り干し大根の炊いたん

煮汁をよく吸っておいしそう。
ほんのり甘めの味つけが
切り干しにはよく合います。

材料（3～4人分）

切り干し大根…30g
油揚げ…30g
にんじん…¼本（30g）
ごま油…大さじ1
だし汁…250mℓ
砂糖…大さじ2
薄口しょうゆ…大さじ3

a

切り干し大根は、もどすというより水でふっくらさせるイメージで。香りがとばないよう水につけすぎないこと。

作り方

1 切り干し大根は洗って5～10分水につけ、水気をしぼる（a）。油揚げとにんじんはせん切りにする。

2 鍋にごま油を中火で熱し、1を入れて炒める。油が回ったらだし汁、砂糖、薄口しょうゆを加え、煮汁がほぼなくなるまで弱火で煮る。

＊日持ちは冷蔵庫で3日間

ゆでた枝豆やさやいんげんなど、青みのものを仕上げに加えてもよい。

長ひじきの炒め煮

ひじきとれんこんはいいコンビ。
薄味だから、ひじきの磯の香りも
引き立ちます。

材料（3〜4人分）

長ひじき（乾物）
…20g
れんこん…60g
ピーマン…2個
豚ロース薄切り肉
…60g
ごま油…大さじ1
だし汁…100mℓ
砂糖…大さじ1
しょうゆ…大さじ2

作り方

1 ボウルに長ひじき、たっぷりの水を入れ、20分ほどつけてもどす。途中で2〜3回、ざるにあげて水を替える(a)。

2 れんこんは薄い輪切りにし、水にさらして水気をきる。ピーマンと豚肉は細切りにする。

3 鍋にごま油を中火で熱し、水気をきった1、2を入れて炒める。油が回ったら、だし汁、砂糖、しょうゆを加えて混ぜながら煮詰める。

＊日持ちは冷蔵庫で3日間

長ひじきは、何回か洗って
砂やごみなどを落とします。

こんにゃくを
赤みそで甘めに煮ると
後を引く味に。

こんにゃくの煮しめ

材料（3〜4人分）

こんにゃく
…1枚（300g）

A
- だし汁…200mℓ
- 砂糖…大さじ2
- しょうゆ…大さじ1
- 赤みそ…大さじ2

削り節…5g

作り方

1 こんにゃくは縦半分に切ってから1cm幅に切り、下ゆでしてざるにあげる。削り節は耐熱容器に入れ、ラップをかけずに電子レンジ（600W）で50秒加熱し、手で軽くもんで粉状にする（a）。

2 熱した鍋にこんにゃくを入れてから炒りし（b）、Aを混ぜ合わせてから加え、中火で煮詰める。煮汁がほぼなくなったら、削り節を加えて混ぜる。

＊日持ちは冷蔵庫で5日間

a

削り節は、全体にまんべんなく混ざるように粉状にします。少量の水分をとばす時には電子レンジを使うと便利。

b

こんにゃくはから炒りして水分をとばすと味が入りやすくなります。こんにゃくがプリッとすればよい。

水だし

だし素材を水につけるだけ。
忙しいからと手を抜いている
わけではありません。
初めての人は失敗なく、
だしをとり慣れている人は、
そのおいしさに驚きます。

水だしのとり方

材料（作りやすい分量）

昆布…5g
煮干し…5g
かつお＋さばなど混合の削り節…15g

作り方

冷茶用ポットに昆布、だしパックに入れた煮干しと削り節を入れ、水2ℓを注ぎ、冷蔵庫で3時間以上おく。このまま冷蔵庫で夏場は2日間、冬場は3日間保存できる。

和食の基本はだし。大げさではなく、だしさえあれば、家でおいしい和食が手軽に楽しめます。そこで忙しい日には「水だし」をおすすめします。冷茶用ポットに昆布、煮干し、削り節と水を入れて冷蔵庫に入れておくだけ。煮立てず、水にだし成分がゆるやかに入っていくため、クセのない、きれいなうまみのあるだしになります。

炒める

作るのが手軽で、
忙しい時には便利な炒めもの。
炒めたてに限らず
冷めてもおいしくできるなら、
家族の食事時間が異なる時でも
作っておくことができます。
炒めものの味を左右するのは、水分。
炒めあがりに汁気が残らないよう
水分の多い野菜は、じっくり炒めて
水分をとばします。
とはいえ、炒めすぎは具材が
パサパサになって台なしに。
炒めて、汁気がなくなったら
火を止める。すると具はしっとりし、
時間をおいても水が出ず、
翌日もおいしくいただけます。

じゃこピーマン

ピーマンとじゃこの相性のよさに納得。
手軽にできて、食べ飽きないおいしさです。

a

じゃこを先に香ばしく炒めてから、ピーマンを加えることでおいしくなります。

材料（3〜4人分）

ちりめんじゃこ…15g
ピーマン
…9〜10個（250g）
ごま油…大さじ1
だし汁…100mℓ
みりん…大さじ1
薄口しょうゆ
…大さじ2

作り方

1 ピーマンは縦半分に切って、へたと種を取り、横に細切りにする。

2 鍋にごま油を熱し、ちりめんじゃこを中火で炒め（a）、カリッと香ばしくなってきたら、ピーマンを加えて炒める。ピーマンに油が回ったら、だし汁、みりん、薄口しょうゆを加えてふたをし、少し火を弱めて5分ほど煮る。

＊日持ちは冷蔵庫で3日間

じゃがいもの塩きんぴら

材料(3〜4人分)

じゃがいも…2個(300g)
太白ごま油…大さじ2
塩…小さじ1
にんにくのすりおろし
　…少々
黒粒こしょう…5粒

a

じゃがいもはさっと水にさらしてでんぷんを流すとシャキッとした炒めあがりに。水気はしっかりきります。

作り方

1 じゃがいもは皮をむき、スライサーで薄切りにしてから、ごく細いせん切りにする。水にさっとさらしてざるにあげ、水気をきる(a)。黒粒こしょうは、ペーパータオルに包んでビンの底などでたたいて粗くつぶす。

2 フライパンに太白ごま油を中火で熱し、じゃがいもを炒める。じゃがいもが透き通ってきたら、塩、にんにくを加えて混ぜる。器に盛り、黒粒こしょうをかける。

＊日持ちは冷蔵庫で3日間

さっと炒めたせん切りのじゃがいもは
食感がよく、何にでも合うよい箸休め。

炒めて食感のよい小松菜を
ごま油とごまの香りが引き立てます。

小松菜のごまじょうゆ炒め

材料（3〜4人分）

小松菜…1わ
ベーコン…60g
ごま油…大さじ½
しょうゆ…大さじ1
すりごま（白）…大さじ3

作り方

1 小松菜は3cm長さに切る。ベーコンは7mm幅に切る。

2 フライパンにごま油を中火で熱してベーコンを炒め、こんがりしたら小松菜を加えて炒める。小松菜がしんなりしたらしょうゆとすりごまを加えて混ぜる。

＊日持ちは冷蔵庫で2日間

小松菜は、使いやすい長さに切ってから冷蔵庫で保存するのが大原流。使う時には袋から出すだけ。

なすが豚肉のうまみを吸ってとろり。
薄切りだから短時間ででき、
ご飯にもよく合います。

なすそぼろ

材料(3~4人分)

なす…3本(250g)
豚ひき肉…100g
生姜のみじん切り…小さじ1
にんにくのみじん切り
…小さじ½
酒…50mℓ
ごま油…大さじ1
A
みそ…大さじ2
砂糖…大さじ1
みりん…大さじ1
すりごま(白)…大さじ1
一味唐辛子…少々
細ねぎの小口切り…3本分

作り方

1 なすはへたを取り、5mm厚さの輪切りにして水にさらし、水気をよくきる。

2 フライパンにごま油を中火で熱し、なすを炒める。なすの水分が出てこないようなら、湯50mℓを加える(a)。なすがしんなりして水分がとんだら(b)取り出し、同じフライパンにひき肉、生姜、にんにく、酒を入れ、練り混ぜてから中火にかけて炒める。

3 ひき肉に火が通ったら、Aを混ぜてから加え、2のなすを戻し入れ、全体に混ぜながら汁気がなくなるまで炒める。器に盛り、細ねぎをのせる。

＊日持ちは冷蔵庫で3日間

a

なすを炒める時に油が全体に回らず、しんなりしないようなら、湯か水を少量加えると、熱が早く回ります。

b

油と相性のよいなすは炒めて水分をとばしておくと、味が入りやすくなります。

牛肉と相性のよい大根。
炒めものでも真価を発揮。

牛肉と大根の炒めもの

材料（3~4人分）

牛こま切れ肉…200g
大根…¼本（300g）
せり…½束
薄口しょうゆ…小さじ2
塩…小さじ¾
ごま油…小さじ1

作り方

1 牛肉は食べやすく切り、薄口しょうゆをもみ込んでおく(a)。大根は皮をむいて拍子木切りにし、塩小さじ½でもみ、5分おいてから水気をしぼる(b)。せりは4cm長さに切る。

2 フライパンにごま油を中火で熱して牛肉を炒め、肉の色が変わったら、大根、せりを加えて大根が透明になるまで炒める。塩小さじ¼を加えてざっと混ぜる。

＊日持ちは冷蔵庫で3日間

a

牛肉をほぐしながら薄口しょうゆを混ぜます。下味をつけると、牛肉のクセが取れ、炒めた時にしょうゆの香ばしさが出ます。

b

大根は塩もみして水気を出し、さらに水気をしっかりしぼると、炒めても水っぽくなりません。

セロリとささみののり炒め

あっさりとした鶏ささみに
セロリとのりの香りが
よく合います。

材料（3~4人分）

セロリ…1本
鶏ささみ…3本
焼きのり…1枚
紅生姜のせん切り…10g
塩、こしょう…各適量
片栗粉…適量
太白ごま油…大さじ1

作り方

1 セロリは筋を取って斜め薄切りにする。ささみはそぎ切りにして塩、こしょう各少々をふり、片栗粉を薄くまぶす。

2 フライパンに太白ごま油を中火で熱し、ささみの両面を焼き(a)、火が通ったらセロリを加えてしんなりするまで炒める。塩、こしょう各少々、ちぎったのりを加えて混ぜる(b)。火を止めてから紅生姜を加えて混ぜる（紅生姜は色がとぶので、火を止めてから加える）。

＊日持ちは冷蔵庫で3日間

a

ささみに片栗粉をまぶしてから焼くと、しっとりと仕上がります。

b

ちぎったのりを入れると、のりの香りが加わり、余分な水分を吸ってくれます。

厚揚げは、
水きりする必要がないからお手軽。
トマトのうまみを添えて。

トマトと厚揚げの炒めもの

材料（3~4人分）

トマト…3個
厚揚げ（絹ごし）…200g
しし唐辛子…5本
太白ごま油…大さじ1
しょうゆ…大さじ1
生姜のしぼり汁…小さじ1
生姜のすりおろし…適量

a

厚揚げは水分をとばしながら、
中までしっかり火を通します。
焼き色の香ばしさもおいしさに。

作り方

1 厚揚げは6等分に切り、トマトは4等分のくし形切りにする。

2 フライパンに太白ごま油を中火で熱し、厚揚げの表面全体をこんがりと焼く。トマト(a)、しし唐辛子を加え、強火でざっと炒める。トマトが崩れないうちに火を止め、しょうゆと生姜のしぼり汁を加えて混ぜる。器に盛り、生姜のすりおろしをのせる。

＊日持ちは冷蔵庫で3日間

ゴーヤーと豚肉の炒めもの

a

ゴーヤーは、火が通りやすいよう1cm厚さに切り、種とわたを残します。わたはうまみを吸い、種は食感のアクセントに。

b

豚肉にゴーヤーをのせて蒸し焼きに。わたに豚肉のうまみが染み込みます。

材料（3~4人分）

ゴーヤー…1本
豚肩ロース肉（とんカツ用）
…300g
塩、こしょう…各少々
しょうゆ…大さじ2

作り方

1 ゴーヤーは種とわたをつけたまま1cm厚さの輪切りにする（a）。豚肉は包丁でたたいて薄くのばし、ゴーヤーと同じくらいの大きさに切って塩、こしょうをふる。

2 フライパンに豚肉を並べ入れ、ふたをして中火で焼く。香ばしく焼けたら裏返し、ゴーヤーをのせてふたをし（b）、もう片面も同様に焼く。ふたを取って全体を混ぜながら炒め合わせ、豚肉に火が通り、ゴーヤーがしんなりしたら、しょうゆを加えて混ぜ、火を止める。

＊日持ちは冷蔵庫で3日間

とろりとしたゴーヤーの
わたに染みる豚肉のうまみ。
しょうゆでキリリと香ばしく
仕上げます。

ふるふるの炒り豆腐は、
いつでも食べたくなる
あるとほっとするお惣菜。

炒り豆腐

材料（3～4人分）

木綿豆腐…300g
鶏ひき肉（もも）…100g
干ししいたけ…1枚
にんじん…⅓本（50g）
グリーンピース…10さや
ごま油…大さじ1
みりん、薄口しょうゆ
　…各大さじ2

作り方

1 干ししいたけは100mlの水につけてもどして薄切りにし、もどし汁は取っておく。豆腐はペーパータオルで包み、重しをして30分ほど水きりする。にんじんはせん切りにし、グリーンピースはさやから実を取り出す。

2 鍋にごま油を中火で熱してひき肉を炒め、火が通ったら、干ししいたけ、にんじんを加える。にんじんがしんなりしたら、水気をきった豆腐を一口大にちぎって加える（a）。グリーンピース、しいたけのもどし汁50ml、みりん、薄口しょうゆを加え、時々混ぜながら汁気がなくなるまで煮る。

＊日持ちは冷蔵庫で3日間

a

水っぽくならないように、豆腐はしっかり水をきって加えます。しいたけのだしを吸わせながら炒り煮にすると、木綿豆腐もやわらかくふるふるに。

にんじん たらこ炒め

せん切りにんじんに
たらこの塩気がいい塩梅《あんばい》。
おかずにもおつまみにも。

材料（3~4人分）

にんじん…2本（300g）
たらこ…½腹（50g）
ごま油…大さじ1
酒…大さじ1
薄口しょうゆ…小さじ1

作り方

1　にんじんは細いせん切りにし、たらこは薄皮から身をこそげ取る。

2　フライパンにごま油を中火で熱してにんじんを炒め、しんなりとしたら酒、薄口しょうゆ、たらこを加えて炒める（a）。たらこが白くなったら火を止める。

＊日持ちは冷蔵庫で5日間

a

だし汁を使わない炒めものは汁気を残さないように炒め上げます。こうすることで冷めてもおいしくなります。

炒めただけのこんにゃくも
しょうゆの香りを立たせると、
コクが出ます。

かみなり糸こんにゃく

材料（3~4人分）

糸こんにゃく…1袋（250g）
ごま油…大さじ1
ラー油…小さじ1
砂糖…大さじ1
しょうゆ…大さじ2
赤唐辛子（小口切り）…少々

作り方

1 糸こんにゃくは下ゆでしてざるにあげ、食べやすい長さに切る。

2 フライパンにごま油とラー油を中火で熱し、水気をよくきった1を炒める。水分がとび、ちりちりしてきたら砂糖、しょうゆを加えて汁気がなくなるまで炒め（a）、赤唐辛子を加える。

＊日持ちは冷蔵庫で5日間

a

糸こんにゃくの水分がとんだら調味料を入れ、糸こんにゃくに吸わせながら炒めます。

ひたす

だしや良質のオイルなどに
野菜をひたせば、
ふだんの野菜が特別なおいしさに。
さっと煮たり、ゆでたり、
焼いたり、揚げたり。
それぞれの野菜の
おいしさを引き出す調理法で
水分を抜いて、
だしの効いたつけ汁や
ドレッシングにひたして味を入れます。
なんにもしなくても、
ひたしている間に
料理が自然においしくなるから、
忙しい人にこそ、うってつけ。
手をかけたようなおいしさに
食べる家族も感動します。

だしが染みた油揚げと
シャキシャキした青菜の
組み合わせは
これぞ王道のほっとするおいしさ。

青菜の煮びたし

材料（3〜4人分）

小松菜…1わ
油揚げ…40g
だし汁…200mℓ
みりん…大さじ1
薄口しょうゆ…大さじ2

作り方

1 小松菜はさっとゆでて水にとってしぼり、3cm長さに切る。油揚げは短冊切りにする。

2 鍋にだし汁を入れて沸かし、みりん、薄口しょうゆを加える。再び沸騰したら、油揚げを入れて中火で1分煮る(a)。小松菜の水気をしぼって(b)加え、1分ほど煮て火を止める。

a

だし汁と調味料を合わせたら、再び沸かしてから具を入れます。油揚げを先に入れ、煮汁を含ませふんわりさせます。

b

味が薄まらないよう、小松菜は鍋に加える前に、再度、水気をしぼります。

＊日持ちは冷蔵庫で3日間

ねばねば野菜にだしが香って
さっぱりと味わい深い一品に。

長いもとオクラのおひたし

材料（3〜4人分）

長いも…200g
オクラ…5本

［つけつゆ］
だし汁…200mℓ
薄口しょうゆ
…大さじ1

a

長いも、オクラが熱いうちに熱いつけつゆを加えると、味の染み込みがよい。

作り方

1 長いもは皮をむき、1cm厚さの半月切りにして、透明感が出るまで1分ほどゆでる。オクラはガクをむき、少ししんなりするまでゆでる。

2 鍋につけつゆの材料を入れてひと煮立ちさせる。1が熱いうちに保存容器に並べ、つけつゆをかけ(a)、30分以上おく。

＊日持ちは冷蔵庫で3日間

焼きなすの梅ポン酢

材料（3〜4人分）

なす…3本
梅干し…1個
削り節…適量
ごま油、だし汁
　…各大さじ2
ポン酢しょうゆ
　…大さじ3

a

梅干しはちぎってのせるので手軽。梅の酸味と油を吸ったなすの甘みはよく合います。

作り方

1　なすはへたを取ってピーラーで縞目に皮をむき、長さを半分に切ってから縦4等分に切る。水にさらしてアクを抜く。

2　フライパンにごま油を中火で熱し、水気をよくきったなすを皮目から並べ入れ、時々返しながらしんなりするまで焼く。

3　保存容器に2を並べ、だし汁とポン酢しょうゆを混ぜてからかける。梅干しをちぎってのせ（a）、削り節をふり、10分くらいおく。

＊日持ちは冷蔵庫で3日間

梅の酸味や削り節の香りが
なすの甘みを引き立てます。

揚げて甘みの引き立った野菜に
だしが染みこんでコクのある味に。

冬野菜の揚げびたし

材料（3〜4人分）

ブロッコリー…50g
れんこん…70g
かぶ…100g
にんじん…60g
さつまいも…100g

［つけつゆ］
だし汁…1カップ
みりん…80mℓ
しょうゆ…60mℓ

揚げ油…適量

作り方

1 ブロッコリーは小房に切り分け、れんこんは1cm厚さの半月切りにする。かぶは茎を少し残して皮つきのまま4等分に切り、にんじんは1cm厚さの輪切りにする。さつまいもは、皮つきのまま4cm長さに切り、縦に4等分に切る。

2 鍋につけつゆの材料を入れ、ひと煮立ちさせる。揚げ油を160℃に熱し、1を素揚げにして油をきり、保存容器に並べる。熱いうちにつけつゆをかけ、30分〜ひと晩おく。

＊日持ちは冷蔵庫で3日間

天ぷらには天つゆが合うように、揚げた野菜とだしの相性は抜群。根菜が熱いうちに、つけつゆと合わせて味を染み込ませます。

夏野菜の揚げびたし

色とりどりの夏野菜は目にも鮮やか。

材料（3〜4人分）

かぼちゃ…⅛個（250g）
トマト…1個
ピーマン…2個
なす…2本
ごぼう…¼本（20g）

［つけつゆ］
だし汁…1カップ
みりん…80mℓ
しょうゆ…60mℓ

揚げ油…適量

作り方

1 かぼちゃは種とわたを取って1.5cm厚さに切り、トマトは4等分のくし形切りにする。ピーマンは縦半分に切り、へたと種を取る。なすは1.5cm厚さの輪切りにし、ごぼうは皮をこそげて7mm厚さの斜め薄切りにする。なすとごぼうは水にさらして水気をよくきる。

2 鍋につけつゆの材料を入れ、ひと煮立ちさせる。揚げ油を160℃に熱し、かぼちゃを素揚げにして油をきる。油温を170℃に上げ、揚げ網にのせてトマトをさっと揚げる（油通しのイメージで）。ほかの野菜も素揚げにして油をきる。野菜を保存容器に並べ、熱いうちにつけつゆをかけ、30分〜ひと晩おく。

＊日持ちは冷蔵庫で3日間

大根とカリフラワーのドレッシングマリネ

材料（3〜4人分）

大根…200g
カリフラワー…100g
さやいんげん…10本

［ドレッシング］
酢、みりん、太白ごま油、
　おろし玉ねぎ…各大さじ2
塩…小さじ1

作り方

1 みりんは電子レンジ(600W)に30秒ほどかけて煮きる。冷めたら、その他のドレッシングの材料と合わせる。大根は皮をむいて3mm厚さのいちょう切りにし、カリフラワーは小房に切り分け、さやいんげんはへたを取って3cm長さに切る。

2 鍋に大根、水を入れて火にかけてゆでる。大根に竹串がスーッと通ったら、カリフラワー、さやいんげんを加え(a)、2分ゆでてざるにすべてあげ、水気をきる。

3 2が熱いうちに1のドレッシングに漬け、冷蔵庫でひと晩おく。

＊日持ちは冷蔵庫で5日間

a

野菜は同じ鍋で時間差でゆでます。

油っぽさを感じさせない
すっきりとしたドレッシング。
野菜のみずみずしさに驚きます。

焼き野菜のだしじょうゆマリネ

材料（3〜4人分）

れんこん…60g
玉ねぎ…1個
ピーマン…1個
オリーブオイル…大さじ1
しょうゆ、だし汁
…各大さじ1
一味唐辛子…適量

a

野菜を焼いたら、保存容器に入れ、しょうゆとだし汁をかけるだけ。焼いて野菜の甘みが引き出されているから、調味料は少量でもおいしく仕上がります。

作り方

1 れんこんは1cm厚さのいちょう切りにし、水にさらして水気をよくきる。玉ねぎは1.5cm厚さの輪切りに、ピーマンは2cm幅の輪切りにして種を取る。

2 フライパンにオリーブオイルを弱火で熱し、1の野菜を並べてふたをして火を通す。両面に焼き色がついたら、保存容器に移し、しょうゆとだし汁を合わせてから回しかけ（a）、味がなじむまで10分ほどおく。器に盛り、一味唐辛子をふる。

＊日持ちは冷蔵庫で3日間

焼き野菜としょうゆの香ばしさがぴったり。
冷めて味がなじんだのも、また別のおいしさ。

きゅうりと大根の浅漬け

浅漬けは、ポリ袋で
かんたんに作れます。
さっぱりして歯ざわりがよく、
冷蔵庫にあるとうれしい。

材料（3〜4人分）

きゅうり…1本
大根…3cm
青じそ…適量

［浅漬けの素］
A | だし汁…100mℓ
薄口しょうゆ
…大さじ½
砂糖、塩…各小さじ1
酢…大さじ1½

作り方

1 浅漬けの素を作る。Aを小鍋に入れて煮立たせて火を止める。粗熱が取れたら酢を入れる。

2 きゅうりは7mm厚さの斜め切りにする。大根は皮をむいて3mm厚さのいちょう切りにする。青じそは粗いみじん切りにする。

3 ポリ袋に2、1を入れ、袋の上から手でよくもむ。大根が少ししんなりしたら、ポリ袋の空気を抜いて口をしばり、冷蔵庫でひと晩おく。

＊日持ちは冷蔵庫で3日間

和える

和えものは、好きな野菜に
好きな和え衣を混ぜるだけ、という
いたってかんたんな和のサラダです。
和えたてもフレッシュでおいしいけれど、
翌日、味がなじんだものもまたいい。
甘酢、白和え衣、ごま和え衣などを
好みの野菜と合わせるだけなので、
使い回しがきき、あと一品も手軽です。
おいしさのポイントは、
しっかり水気をきってからよく和えて、
味をなじませること。
かさが減るので、
野菜をたっぷり食べられます。

れんこんなます

酸味が強めの甘酢を合わせるから、
れんこんの味が引き立ちます。

a

酢水でれんこんをゆでると、色が白くきれいに仕上がります。

材料（3〜4人分）

れんこん…150g
酢…小さじ1

［甘酢］
酢、砂糖…各大さじ2
塩…小さじ½
赤唐辛子の小口切り
…適量

作り方

1 れんこんは皮をむいて5mm厚さの半月切りにし、水にさらす。鍋に水500mℓと酢を入れて沸かし、水気をきったれんこんを加え、2分ほどゆでて(a)ざるにあげる。

2 ボウルに甘酢の材料を合わせ、1を熱いうちに入れて和え、1時間ほどおく。

3 器に盛り、赤唐辛子をのせる。

＊日持ちは冷蔵庫で5日間

味がなじむと、かつおのたたきを食べているよう。
その意外性のあるおいしさに場が盛り上がります。

わかめ、新玉ねぎ、削り節の二杯酢

材料（3〜4人分）

塩蔵わかめ…70g
新玉ねぎ…1個（270g）
貝割れ菜…½パック
厚削りのかつお節…10g

［二杯酢］
酢、しょうゆ
…各大さじ2

＊日持ちは冷蔵庫で3日間

作り方

1 わかめは水でもどして食べやすく切る。新玉ねぎは半分に切り、繊維にそって薄切りにし、水にさらして水気をしっかりしぼる。貝割れ菜は根元を切る。二杯酢の材料を合わせる。

2 ボウルにわかめ、貝割れ菜、厚削りのかつお節を入れて（a）二杯酢をかける。新玉ねぎを加えて手で和え（b）、冷蔵庫で10分ほどおく。

a

厚削りのかつお節を和えてしばらくおくと、味がなじんで、かつおの存在感が出てきます。

b

手で和えると、調味料がよくなじみます。なじんだ感じも手に伝わってきます。

甘みと酸味がほどよい三杯酢は
素材を味わう、オイルフリーの和のサラダ。

たこと野菜の三杯酢

材料(3〜4人分)

ゆでたこの足…1本(100g)
セロリ…1本(100g)
きゅうり…1本
大根…120g
パプリカ(赤・黄)
…各1/8個

[三杯酢]
酢、薄口しょうゆ
…各大さじ3
砂糖…大さじ1

a

たこと野菜に三杯酢をかけてしばらくおき、味をなじませてから和える。

作り方

1 たこ、セロリ、きゅうりは斜め薄切りにする。大根は皮をむいて薄いいちょう切りに、パプリカは縦に細切りにする。三杯酢の材料を混ぜ合わせる。

2 1のたこと野菜を保存容器に並べ入れて三杯酢をかけ(a)、冷蔵庫で30分おく。

3 2を和えて器に盛り、青じそのせん切りとみょうがの小口切り(各材料外)をのせる。

＊日持ちは冷蔵庫で3日間

白和え2種

さつまいもの
とろり白和え

さつまいもと
甘栗の甘みを
なめらかな絹ごし豆腐の
衣が引き立てます。

↓レシピは56ページ

木綿豆腐で作る
ざっくりとした白和えは
食感のある野菜がよく合います。

大根とほうれん草のざっくり白和え

→レシピは57ページ

さつまいものとろり白和え

材料（3〜4人分）

さつまいも…1本(200g)
甘栗（市販品）…75g
とろり白和え衣…全量
塩…小さじ½
炒りごま（黒）…適量

a

さつまいもはゆできらないうちに火を止め、余熱で火を通します。

作り方

1 さつまいもは皮つきのまま2cm角に切る。鍋に水300mℓと塩を入れて沸かし、さつまいもを入れてかためにゆでてそのまま冷ます（a）。

2 ボウルに湯をきったさつまいも、手で割った甘栗を入れる。とろり白和え衣を加え、ゴムべらで混ぜ合わせる。器に盛り、炒りごまをふる。

＊日持ちは冷蔵庫で3日間

とろり白和え衣

なめらかでねっとりとした絹ごし豆腐の衣は、甘みがあってそれだけでも食べたい味。

材料（作りやすい分量）

絹ごし豆腐
…200g
練りごま（白）…大さじ1
塩…小さじ½
砂糖…大さじ1

作り方

1 絹ごし豆腐はペーパータオルで包み、500gくらいの重しをのせて20分おく（a）。

2 フードプロセッサーに1、残りの材料を入れ（b）、なめらかになるまで混ぜる（c）。

a

b

c

大根とほうれん草のざっくり白和え

材料（3〜4人分）

大根…120g
ほうれん草…1わ
にんじん…20g
ざっくり白和え衣…全量
塩…小さじ½
だし汁…大さじ1
薄口しょうゆ…大さじ1

a

野菜に下味をつけておくと、おいしく仕上がります。

作り方

1 大根、にんじんはせん切りにして塩を混ぜ、5分おいて水気をしぼる。

2 ほうれん草は熱湯でさっとゆでて水にとり、水気をしぼる。ボウルに入れ、だし汁と薄口しょうゆをからめる（a）。

3 2のボウルに1、ざっくり白和え衣を加えて和える。

＊日持ちは冷蔵庫で3日間

ざっくり白和え衣

なめらかにしすぎないのがコツ。
木綿豆腐の素朴な味が楽しめます。

材料（作りやすい分量）

木綿豆腐…100g
練りごま（白）、砂糖、
　すりごま（白）
　…各大さじ1
しょうゆ…小さじ1

作り方

1 木綿豆腐はペーパータオルで包んでギュッと握って水気をしぼる（a）。

2 ボウルに1と残りの材料を入れ、泡立て器でつぶすようにして（b）なめらかになるまで混ぜる。

a

b

ごま和え　いろいろ

ほうれん草のごま和え

ほうれん草には、この甘じょっぱさ。ごま和え衣には、仕上げにごま油を足して、香りづけをします。

→レシピは60ページ

きゅうりと油揚げのごま酢和え

練りごまのごま酢で和えれば、きゅうりのみずみずしさが引き立ちます。

→レシピは60ページ

いんげんの風味を生かしたいから、
砂糖は加えず、ごまの自然な甘みだけ。

さやいんげんの練りごま和え

→レシピは61ページ

ごま油香るごま酢じょうゆで、
サニーレタスの
ほろ苦さをさっぱりおいしく。

サニーレタスのごま酢じょうゆ

→レシピは61ページ

きゅうりと油揚げのごま酢和え

材料（3〜4人分）

きゅうり…2本
油揚げ…30g
塩…小さじ1

［ごま酢］
練りごま（白）
…大さじ1
酢、砂糖、
薄口しょうゆ
…各小さじ2

a

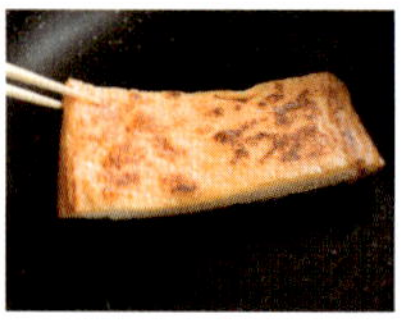

油揚げを焼いてから和えると香ばしくなり、水分がとんだ分、味がよく入ります。

作り方

1. きゅうりは縦半分に切って斜め薄切りにし、塩でもむ。3分おいて水気をしぼる。
2. 油揚げはフライパンで両面をこんがり焼いて（a）取り出す。ペーパータオルで押さえて余分な油を取り、細切りにする。
3. ボウルにごま酢の材料を合わせ、1、2を加えて和える。

＊日持ちは冷蔵庫で3日間

ほうれん草のごま和え

材料（3〜4人分）

ほうれん草…1わ

［ごま和え衣］
すりごま（白）
…大さじ2
しょうゆ、だし汁
…各大さじ1
砂糖…小さじ1
ごま油…小さじ½

a

ごま油を少量入れると、ごまの香りが立っておいしく仕上がります。

作り方

1. ほうれん草は熱湯でさっとゆでて水にとり、水気をしぼって3cm長さに切る。
2. ボウルにごま和え衣の材料を順に入れてその都度混ぜる（a）。1を再度よくしぼって加えて和える。

＊日持ちは冷蔵庫で3日間

サニーレタスのごま酢じょうゆ

材料(3〜4人分)

サニーレタス
…小1個
紫玉ねぎ…少々

［ごま酢じょうゆ］
酢、しょうゆ、
すりごま(白)
…各大さじ2
一味唐辛子…少々

a

サニーレタスは和えるとしんなりするので、大ぶりにちぎります。ちぎると味もからみやすい。

作り方

1 サニーレタスは洗って大ぶりにちぎる(a)。紫玉ねぎは薄切りにし、水にさらして水気をしっかりきる。

2 ボウルにごま酢じょうゆの材料を合わせる。水気を再度きった1を入れてざっと和える。時間をおいて、しんなりしたものもおいしい。

＊日持ちは冷蔵庫で2日間

さやいんげんの練りごま和え

材料(3〜4人分)

さやいんげん
…20本

［練りごま衣］
練りごま(白)、
だし汁
…各大さじ2
しょうゆ
…小さじ2

a

さやいんげんは、ゆでたら水にとらずに水気をきります。水にとらないほうが甘みが残ります。

作り方

1 さやいんげんは2分ゆでてざるにあげ(a)、へたを取って長さを半分に切る。

2 ボウルに練りごま衣の材料を合わせ、1を加えて和える。

＊日持ちは冷蔵庫で3日間

菜の花の辛子和え

春になると食べたくなる
ほろ苦い菜の花と辛子の組み合わせ。

材料（3〜4人分）

菜の花…200g

［辛子和え衣］
だし汁、しょうゆ、
すりごま（白）
…各大さじ2
粉辛子（小さじ1の水で溶く）
…小さじ1

作り方

1 菜の花は熱湯でさっとゆでて氷水にとり（a）、4cm長さに切って水気をしっかりとしぼる。

2 ボウルに辛子和え衣の材料を入れてよく混ぜ、1を加えて和える。

＊日持ちは冷蔵庫で2日間

a

菜の花はすぐ火が通るので、10秒を目安に引き上げ、氷水にとって余熱が入らないようにします。

麩の辛子酢みそ和え

弾力のある麩と食感のいいきゅうりを
京都の甘い白みそがつなぎます。

a

麩は芯がなくなるまで水につけてもどし、しっかりと水気をしぼると時間がたっても水っぽくなりません。

材料（3〜4人分）

麩…8個（20g）
きゅうり…1本
塩…小さじ¼

［辛子酢みそ］
白みそ…70g
酢、砂糖、すりごま（白）
　…各大さじ1
粉辛子（小さじ1の水で溶く）
　…小さじ½

作り方

1　麩は水でもどしてしっかりと水気をしぼる（a）。

2　きゅうりは縦半分に切って斜め薄切りにする。塩でもみ、3分ほどおいて水気をしっかりとしぼる。

3　ボウルに辛子酢みその材料を入れて混ぜる。1、2の水気を再度しぼってから加えてよく和え、10分ほどおく。

＊日持ちは冷蔵庫で3日間

かぶの梅だれ

材料（3～4人分）

かぶ…小2個（300g）
塩…小さじ¼

［梅だれ］
練り梅（または梅肉）、
　だし汁…各大さじ2
みりん、薄口しょうゆ
　…各小さじ2
粉がつお…2g

作り方

1　かぶは皮をむいて薄い輪切りにし、塩でもんで3分ほどおき、水気をしっかりしぼる。

2　ボウルに梅だれの材料を入れて（a）よく混ぜ、1を加えて和える（和えずにかけてもよい）。

＊日持ちは冷蔵庫で3日間

a

練り梅にだし汁の風味、
かつお節の香りを添え、
みりんを加えて酸味を
まろやかにします。

かぶによく合う梅だれが
翌日には全体になじんでいい味に。

丸ごと焼いたジューシーなピーマンに
砂糖じょうゆが染み込んでおいしい。

焼きピーマンの砂糖じょうゆ

材料（3〜4人分）

ピーマン…5個
砂糖…小さじ1
しょうゆ…大さじ1
糸がつお（なければ
　かつお節）…適量

作り方

1 砂糖としょうゆは混ぜ合わせる。

2 ピーマンはグリルの中火で焼き、こげ目がついてしんなりしたら、焼けた順に取り出し（a）、へたと種を包丁で取る。1で和えて器に盛り、糸がつおをのせる。

＊日持ちは冷蔵庫で2日間

a

ピーマンは丸ごと魚焼きグリルで焼くと、中が蒸し焼きになり、香りよくジューシーに仕上がります。

塩もみ野菜

ちょっと残った野菜を塩でもんでおくと、量が減って保存もきき、冷蔵庫の片づけにもなります。塩もみ野菜は、そのまま浅漬け風としてごはんのおともにもなりますし、水気をしぼって料理の素材としても重宝します。

材料（3〜4人分）

白菜の細切り
…¼個分（500g）
塩…小さじ1

作り方

ボウルに白菜と塩を入れます。

塩が白菜によく入るように手でもみ、しんなりしたらできあがり。手でもむことで葉を不用意に傷つけることなく、しんなり具合も伝わってきます。保存容器に入れて冷蔵庫へ。食べる前に水気をしぼって器に盛りつけます。

＊日持ちは冷蔵庫で3日間

白菜の塩もみ

水分をしぼってから、おかかと和えたり、豚薄切り肉と少量のオイスターソースでさっと炒めたりすることが多いです。

同じようにして作れます。

にんじんと大根の塩もみ

甘酢とからめてなますにしたり、ごま油で炒めたりします。

材料と作り方

大根120gとにんじん20gはせん切りにし、塩小さじ¼でもむ。
＊日持ちは冷蔵庫で3日間

塩混ぜ野菜

きゅうり、かぶなどの、いわゆる葉野菜でない形のある野菜は、大きめに切って塩を混ぜます。手軽に作れて保存もきき、そのままポリポリつまんでも。水気をしぼって料理の素材としても使えます。

材料（3～4人分）

きゅうり…2本
塩…小さじ1

作り方

ボウルにきゅうりと塩を入れます。

スプーンで全体を混ぜ、全体に塩が回ってきゅうりがつやつやしてきたらできあがり。保存容器に入れて冷蔵庫へ。

＊日持ちは冷蔵庫で3日間

塩混ぜきゅうり

水気をしぼって甘酢で和えたり、柚子こしょうや辛子じょうゆをからめたりします。鶏肉と甘酢炒めにすると手軽でおいしいおかずに。

調味料について

料理を食べてくれた方、料理教室の生徒さんから、調味料は何を使っていますか、と聞かれますが、どれも特別なものではなく、いたって手に入りやすいものばかりです。だしの風味を生かす薄口しょうゆは、ヒガシマルしょうゆ。濃口しょうゆはキッコーマン。ほんのり甘さを加えるみりんは、タカラ本みりん。酢は酸味がおだやかでまろやかな味わいの千鳥酢。長年使っているので、使う分量は肌感覚で覚えてしまっていますから、調味料が変わると味がなんとなく決まりません。毎日の料理だからこそ、高価な調味料を使う必要はなく、この調味料と決めたらその味を覚え、わが家の味の骨格にすればいいのだと思います。

第二章 肉と魚の作りおきおかず

和食の味つけには油をあまり使わないので
素材の持ち味が引き立ち、
肉や魚をおいしく食べるのに向いています。
肉は、長く煮込むか、
さっと焼いてから煮からめたり、
煮汁につけたりすると、
しっとりとやわらかく。
魚も、さっと焼いて濃い味をからめるか、
薄味でしっかり煮てしみじみおいしく。
ちょっとした工夫で
冷めてもおいしく楽しめます。

おいしく作るポイント

肉を煮る

ことことと弱火で
肉がやわらかくなるまで煮ます。
味をつけるなら、その後で。

炒める

ひき肉に酒を加えて
練り混ぜてから火を入れると、
驚くほどやわらかいそぼろに。

魚を煮る

煮立たせた煮汁に魚を入れて
さっと煮れば、身はふっくら。
魚のくさみもなくなります。

煮からめる

身にさっと火を入れてから、
濃いめの煮汁やたれをからめて
手早くふっくら仕上げます。

ゆでたては
肉汁をたたえてやわらか。
冷めると、かむごとに
うまみたっぷりです。

ゆで豚

材料（作りやすい分量）

豚肩ロース肉（ブロック）…500g
昆布…10cm四方

作り方

1 鍋に豚肉と、肉がかぶるくらいの水を入れて沸かし、2分ゆでて流水で洗う。

2 1の豚肉、1ℓの水、昆布を鍋に入れ、ふたをずらしてのせ、火にかける。煮立ったら火を弱め、1時間ことことと煮る（a）。途中、煮汁が少なくなり、肉が煮汁から出そうになったら、湯を足す（水でなく湯を足すこと。温度差がないほうがしっとりと仕上がる）。火を止め、そのまま冷ます。

3 薄くスライスし、豆板醤や塩（各材料外）をつけて食べる（その他の食べ方はp.72〜73参照）。

＊日持ちは冷蔵庫で3日間

a

かたまりの豚肉は水から入れ、煮立ったら弱火にし、じっくり煮るとしっとりと仕上がります。

粗熱が取れたら保存容器に移し、ゆで汁につけて保存します。汁につけることで肉がパサつきません。

ゆで豚のアレンジ1

ゆで豚と大根のスープ

豚肉の甘みが溶け出た
味わい深いスープ。
大根が肉のうまみを受け止めます。

材料（2人分）

ゆで豚（レシピはp.71）…60g
ゆで豚のゆで汁…300㎖
ゆで豚の昆布…½枚
大根…200g
塩蔵わかめ…20g
薄口しょうゆ…大さじ1
細ねぎ（小口切り）…適量
一味唐辛子…少々

作り方

1 大根は皮をむいて短冊切りにする。わかめは水でもどして食べやすく切る。ゆで豚の昆布は細切りにする。

2 鍋にゆで豚のゆで汁、昆布、大根を入れて火にかけ、大根がやわらかくなるまで煮る。薄口しょうゆ、わかめ、手で食べやすい大きさにほぐしたゆで豚を加え（a）、中火で30秒ほど煮る。器によそい、ねぎをのせ、一味唐辛子をふる。

a

味つけは大根がやわらかくなってから。薄口しょうゆ、わかめ、ゆで豚の順に。

ゆで豚のアレンジ2

かぶとゆで豚の煮もの

かぶはとろとろ。
豚肉はほろほろ。
かぶの甘みが
溶け出た煮汁は
やさしい味わい。

材料（2人分）

ゆで豚（レシピはp.71）…200g
ゆで豚のゆで汁…200mℓ
ゆで豚の昆布…½枚
かぶ…小2個（300g）
かぶの葉…100g
塩…小さじ1

作り方

1 かぶは茎を少し残して縦半分に切り、皮をむく。竹串で茎のつけ根の土を取る。かぶの葉は1cm長さに切る。ゆで豚は大きめの一口大に切り、ゆで豚の昆布は1cm幅に切る。

2 鍋にゆで豚のゆで汁、かぶを入れて煮立たせ、弱めの中火で煮る。かぶの身に透明感が出て竹串がスーッと通ったら、ゆで豚、昆布を加え、塩で味をととのえる。かぶの葉を加えて(a)さっと煮る。

a

かぶの葉もむだなく使って彩りに。仕上げに加えてさっと煮て、香りを残します。

肉汁を閉じこめた、
しっとりとしたゆで鶏は、
冷めるとよりあっさり
楽しめます。

ゆで鶏

材料（作りやすい分量）

鶏もも肉…2枚（600g）
生姜の薄切り…4枚
玉ねぎ…½個（130g）

作り方

1 鍋に鶏肉、生姜、半分に切った玉ねぎ、水8カップを入れて火にかける（a）。

2 煮立ったら、アクを取って火を弱め、中火で20分煮る（b）。火を止め、そのまま粗熱が取れるまで冷ます。

3 薄くスライスし、玉ねぎのスライスやかつお節、みつば（各材料外）などと器に盛る。ポン酢に七味唐辛子をふったものにつけて食べる（その他の食べ方はp.76〜77参照）。

＊日持ちは冷蔵庫で3日間

a

鶏肉をゆでる時には、皮目を下にすると火の入りがやわらかくなり、肉がしっとりと仕上がります。

b

鶏肉は沸騰した状態でゆでることでだしが出ます。噴きこぼれない程度の火加減にします。

ゆで鶏も粗熱が取れたら、ゆで汁にひたして保存すると、肉がパサつかず、しっとり。

ゆで鶏のアレンジ 1

コラーゲン ゆで鶏

鶏肉をさらにしっとりさせるのは、
驚くほどかんたんにできる鶏ジュレ。
女性心をくすぐる一品です。

材料（2人分）

ゆで鶏（レシピはp.75）
…1枚
ゆで鶏のゆで汁…250mℓ
粉ゼラチン…5g
塩…小さじ½
柚子…½個

作り方

1 ゆで鶏のゆで汁をボウルに取り分け、温かいうちに粉ゼラチンを入れて溶かす。塩で味をととのえる。

2 密閉できる保存用袋にゆで鶏と1を入れ（a）、粗熱を取ってから冷蔵庫に入れ、ひと晩おく。

3 器に切り分けた鶏肉を盛り、スープのゼリーをほぐして一緒に並べ、柚子（なければ好みのかんきつ類でよい）をしぼりかける。

a

粉ゼラチンを溶かしたゆで汁を冷やすと、鶏だしの効いたジュレのできあがり。

お粥を鶏スープで炊けば、
味わい深い癒やしの味。
鶏スープをストックしておくとすぐに作れます。

鶏粥

ゆで鶏のアレンジ 2

材料（2〜3人分）

ゆで鶏（レシピはp.75）…½枚
ゆで鶏のゆで汁…600mℓ
米…½合
塩…小さじ¼
レタス…1枚
クコの実…適量

a

米が鍋底にくっつかないよう、ゆで汁が沸いたら、菜箸で米をはがすように混ぜます。

作り方

1 土鍋にゆで鶏のゆで汁と洗った米を入れて火にかける。煮立ったら、菜箸で混ぜながら、鍋底をこすって米がくっつかないようにし（a）、ふたを少しずらしてのせ、弱火で20分煮る。

2 塩で味をととのえ、器に盛る。

3 ゆで鶏を薄切りにし、細切りにしたレタスとともに2にのせ、クコの実を飾る。

濃い熱々の煮汁をからめて
さっと煮るから、ふっくらと仕上がり、
翌日もしっとりします。

鯖のみそ煮

材料（3〜4人分）

鯖（切り身）…4切れ
生姜の薄切り…4枚
酒…50㎖
砂糖…大さじ2
みそ…大さじ3
長ねぎ（白い部分）…16cm

作り方

1 鯖は皮目に十字に切り目を入れる。身側を上にしてざるに入れ、熱湯をかけ、返して皮側にも熱湯をかける（a）。

2 鯖が重ならずに入るくらいの鍋に酒、水50㎖、生姜を入れて煮立たせる。1を並べ（b）、砂糖、みそを加え、落としぶたをして弱めの中火で10分煮る（c）。

3 落としぶたを取り、煮汁をかけながらさらに2〜3分煮て、鯖に火が通ったら器に盛る。煮汁に4cmの長さに切った長ねぎを加えて弱火で2分ほど煮る。

4 3の器に長ねぎを盛り合わせ、生姜ごと煮汁をかける。

＊日持ちは冷蔵庫で3日間

a

鯖は皮目に切り目を入れ、両面に熱い湯をかけると、青魚のクセや汚れが流れておいしくなります。

b

酒でうまみを、生姜で香りを。煮魚の大きさに合う鍋で煮ると、熱むらがなく火が回ります。

c

みそを入れたら、落としぶたをして弱めの火加減でさっと煮ることで、身がふっくらと煮上がります。

お箸でつまみやすく
小さく切ったかつおは、
ご飯や日本酒がすすむ濃い甘辛味。

かつおの直《じか》煮

材料（3〜4人分）

かつお（刺身用）…1さく
（皮なしのもの。200g）
酒…50mℓ
生姜のせん切り…15g
砂糖…大さじ1
しょうゆ…大さじ2
木の芽（あれば）…適量

作り方

1 かつおは1.5cm角に切る。

2 鍋に酒、水50mℓ、生姜、砂糖、しょうゆを入れて煮立たせ、1を入れて中火にする。時々混ぜながら、汁気がなくなるまで煮る（a）。

3 器に盛り、あれば木の芽を飾る。

＊日持ちは冷蔵庫で5日間

a

味が入りやすいようにかつおは小さめの角切りに。煮詰めた濃い味の煮汁をからめます。

焼き鯵のねぎみそ

焼いて残ってしまった
干物でも作れます。
白いご飯にのせたり、
青じそで巻いても美味。

材料（3〜4人分）

鯵の干物…1枚（200g）
みそ…大さじ2
砂糖、ごま油…各大さじ1
細ねぎ（小口切り）…大さじ2
炒りごま（白）…少々

作り方

1 鯵の干物は焼いて身をほぐす（a）。

2 ボウルに干物以外の材料を入れて混ぜ、1を和える。

＊日持ちは冷蔵庫で5日間

a

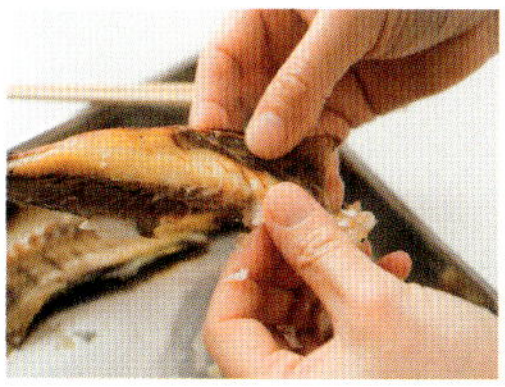

焼いた鯵は手でほぐすこと。指先に細かい骨が当たるので、それを丁寧に取り除きます。

皮はパリッと香ばしく、身はさっと焼いて
ふっくらと。煮立たせた照り焼きだれを
からめた鶏肉は冷めてもジューシー。

照り焼きチキン

材料（作りやすい分量）

鶏もも肉…2枚（600g）
みりん…120㎖
薄口しょうゆ…60㎖
塩、こしょう…各少々
粉山椒…適量

作り方

1 鶏肉は塩、こしょうをふる。

2 フッ素樹脂加工のフライパンに鶏肉を皮目から入れ、ふたをして皮目をこんがり5分ほど焼く。上下を返してふたをして5分ほど焼き、中まで火を通す(a)。脂をペーパーで拭き取り、みりん、薄口しょうゆを回し入れ(b)、鶏肉を返しながら煮詰める。

3 食べやすく切った鶏肉、焼いたしし唐辛子（材料外）を器に盛り、たれをかけ、粉山椒をふる。

＊日持ちは冷蔵庫で3日間

a

鶏肉は、まず皮目からしっかりと焼きます。皮がクッションになり、身に火が入りすぎず、やわらかい焼き上がりに。焼いて出た鶏の脂はしっかり拭き取ってから、照り焼きだれを入れると味がよくからみます。

b

みりん、しょうゆを入れたら、時間をかけずにたれを煮詰めると身がかたくなりません。

保存容器に移して粗熱が取れたら、冷蔵庫に。

煮豚と煮卵

材料（作りやすい分量）

豚バラ肉（かたまり）
…2本（約500g）
卵…3個
玉ねぎ…½個
酒…200㎖
黒砂糖…大さじ3
しょうゆ…大さじ5

作り方

1 卵は冷蔵庫から出して常温にもどし、熱湯で7分ゆで、殻をむく。玉ねぎは縦半分に切る。

2 豚肉は脂身を下にして鍋に入れ、かぶるくらいの水を注いで火にかける。煮立ったらアクを取り、15分ゆでて流水で洗う。きれいな厚手の鍋に入れ、ひたひたの水と酒、玉ねぎ、黒砂糖を入れ（a）、ふたを少しずらして火にかけ、煮立ったら弱火にし、1時間ことことと煮る。途中、煮汁が少なくなり、肉が煮汁から出そうになったら、湯を足す（b）。しょうゆを加え（c）、20分煮る。火を止めてゆで卵を加え、そのまま冷ます。

3 食べやすく切って器に盛り、ゆでたブロッコリー（材料外）を添える。

＊日持ちは冷蔵庫で5日間

a

煮豚には黒砂糖の甘みとコクが合います。

b

豚肉が煮汁から顔を出したら、水ではなく湯を足します。温度差がないほうが肉がやわらかく煮上がります。

c

肉に甘みをしっかり入れてから、しょうゆを加えます。しょうゆを先に入れると甘みが十分に入りません。

コクのある甘辛味で煮た煮豚と
ゆで卵の組み合わせで食卓が盛り上がる！
材料を煮るだけで手間がかからないから
この一品、実は女性の味方です。

さんまの有馬煮

材料（3～4人分）

さんま…2尾
酒…100mℓ
砂糖…大さじ2
しょうゆ…大さじ3
実山椒（アク抜きして冷凍保存したもの※か、市販の瓶詰めのもの）…大さじ1

※実山椒のアク抜き
実山椒は軸を取って洗う。塩少々を入れた熱湯で7～8分ゆでてからざるにあげ、たっぷりの水に1時間以上さらして水気をよくきる。保存袋に入れて冷凍する。

作り方

1 さんまは頭と尾を切り落とし、6等分に切って内臓を取り除き、さっと洗って水気を拭く（a）。

2 さんま以外の材料すべてと水50mℓを鍋に入れて煮立たせ、1を入れて火を弱め（b）、落としぶたをして中火で5分ほど汁気がなくなるまで煮る。

＊日持ちは冷蔵庫で5日間

酒をたっぷり使い、薄めの甘辛味で煮て
さんまと山椒の香りを楽しみます。

a

さんまは火が入りやすいように小さめの筒切りにします。

b

さんまに甘辛い煮汁と実山椒の香りはぴったり。

いわしの青しば煮

漬物と青魚の
意外な相性のよさ。
いわしがあっさりと
煮上がります。

材料（3〜4人分）

いわし…5〜10尾（400g）
青しば漬け…1袋（150g）
生姜の薄切り…4枚
酒…200㎖
塩…小さじ¼

作り方

1 いわしは頭を切り落とし、腹を三角に切ってわたを取る。洗って水気を拭き、鍋に並べる。

2 1に酒、塩、生姜、青しば漬けを漬け汁ごと加えて（a）火にかけ、煮立ったらアクを取り、落としぶたをして弱火で2時間煮る。煮汁がほぼなくなり、骨までやわらかくなったら火を止める。

＊日持ちは冷蔵庫で10日間

a

いわしが重ならずに入る鍋を選ぶと効率がよい。青しば漬けは漬け汁ごと鍋に入れます。

うまみたっぷりのしっとりとした肉そぼろは
ご飯のおかずにも、華やかなおつまみにも。

豚そぼろ

材料（3〜4人分）

豚ひき肉…300g
ピーマン…2個
赤ピーマン…½個
生姜のみじん切り…10g
にんにくのみじん切り
…½かけ分
酒…50㎖
赤みそ…大さじ2
砂糖…大さじ2
しょうゆ…大さじ1

作り方

1 ピーマンと赤ピーマンは種とへたを取り、1cm角に切る。

2 フライパンにひき肉、生姜、にんにく、酒を入れ（a）、練り混ぜてから中火にかけて炒める。ひき肉の色が白くなったら（b）、赤みそ、砂糖、しょうゆを加えて混ぜ、1を加えて煮汁がなくなるまで炒める。

3 器に盛り、レタスとご飯（各材料外）を添え、レタスでご飯とそぼろを包んで食べる。

＊日持ちは冷蔵庫で3日間

a

ひき肉に酒を混ぜて吸わせてから火にかけると、炒めたときのそぼろのしっとり感が違います。

b

ひき肉の色が白く変わってから調味料を入れます。

余った分は保存容器に入れてそのまま冷まし、粗熱が取れたら、冷蔵庫で保存できます。

鶏ひき肉と青じそのそぼろ

淡泊な鶏肉に合わせて、
味つけもさっぱりと。
青じその香りがよく合います。

材料（3〜4人分）

鶏ひき肉（もも）…300g
生姜のみじん切り…10g
にんにくのみじん切り
…½かけ分
酒…50㎖
塩…小さじ½
黒粒こしょう…10粒
青じそ…5枚

作り方

1 青じそは洗って半分に切り、7mm幅に刻む。黒粒こしょうはペーパータオルに包んで麺棒などでたたいてつぶす。

2 フライパンにひき肉、生姜、にんにく、酒を入れ、練り混ぜてから中火にかけて炒める。ひき肉の色が白くなったら、塩、黒粒こしょうを加え、汁気がなくなってきたら火を止め、青じそを加えて（a）混ぜる。

＊日持ちは冷蔵庫で5日間

a

青じそは香りがとばないように仕上げに入れます。

鮭を炒めるだけで、
重宝する常備菜に。
彩りのよさも大助かり。

鮭そぼろ

材料（3〜4人分）

鮭…160g（正味）
生姜のみじん切り…10g
みりん…大さじ4
薄口しょうゆ…大さじ2
木の芽…適量

作り方

1 鮭は骨と皮を除き、スプーンで身をほぐす（a）。木の芽は包丁でたたいて細かくする。

2 鍋に生姜、みりん、薄口しょうゆを入れて火にかける。沸騰したら鮭を入れ（b）、混ぜながら煮汁がなくなるまで中火で炒りつける。火を止め、木の芽を加えて混ぜる。

＊日持ちは冷蔵庫で3日間

a

鮭の身はほぐすだけ。ラクラク。

b

鮭は、煮汁を煮立たせたところに入れると、くさみが抑えられます。

鶏むね肉に余熱で火を入れるから
しっとりした肉の上品なうまみが楽しめます。

和風ローストチキン

材料（作りやすい分量）

鶏むね肉…2枚（400g）
塩、こしょう…各少々
だし汁…400mℓ
みりん…160mℓ
薄口しょうゆ…160mℓ

作り方

1 鶏肉は冷蔵庫から出して常温にもどし、塩、こしょうをふる。フッ素樹脂加工のフライパンを熱して鶏肉を入れ、両面を中火で焼きつける（a）。

2 鍋にだし汁、みりん、薄口しょうゆを入れて沸騰させ、1を加えてふたをして火を止め（b）、冷めるまでそのままおく。

3 薄切りにして器に盛り、サラダ菜とミニトマト（各材料外）を添える。

＊日持ちは冷蔵庫で3日間

a

鶏肉は表面をこげ目がつくまで香ばしく焼きます。うまみを閉じ込めるだけでなく、香ばしさがおいしさに。

b

煮汁を沸かしたら、鶏肉を入れて火を止め、そのまま冷ましながら余熱で火を入れます。

食べやすく切った肉を
ポン酢でマリネした
短時間でできる
和風ローストビーフ。

ポン酢ローストビーフ

材料（作りやすい分量）

牛もも肉（ステーキ用）…400g
紫玉ねぎ…1個

［下味］
塩…小さじ½
こしょう…少々
にんにくのすりおろし…少々
玉ねぎのすりおろし…大さじ1
ごま油…大さじ1

だし汁…50mℓ
ポン酢しょうゆ…150mℓ

作り方

1 牛肉は常温にもどし、繊維を断ち切るようにして一口大に切る。ボウルに下味の材料を入れて混ぜ、牛肉を加えてもみ込む（a）。

2 フッ素樹脂加工のフライパンを強火で熱し、1の両面を焼く（b）。火は中まで通すが、かたくなりすぎないよう注意。

3 紫玉ねぎは縦半分に切って、横に5mm幅に切る。保存容器に2、紫玉ねぎ、だし汁、ポン酢しょうゆを入れて混ぜ、粗熱が取れたら冷蔵庫に1時間おく。器に盛り、ゆでたブロッコリー（材料外）を添える。

＊日持ちは冷蔵庫で3日間

a

赤身肉は加熱するとパサつきやすいので、コーティング効果のあるごま油、たんぱく質分解酵素をもつ玉ねぎやにんにくのすりおろしをもみ込みます。

b

牛肉に火を入れる工程はここしかないので、しっかりと焼きます。

保存容器に入れてそのまま冷まし、粗熱が取れたら、冷蔵庫で保存します。

大原千鶴

（おおはら・ちづる）

料理研究家。奥京都、花背の料理旅館「美山荘」の次女として生まれ、山川の自然に囲まれて育つ。小学生の頃にまかない料理を作り始め、料理を作る楽しさと意義を知る。
二男一女の母として子育て、家事に加え、雑誌、テレビ、講演、ケータリング等で活躍。季節感と旬の食材の持ち味を生かした、シンプルで美しい和食を紹介。忙しい主婦の気持ちに寄り添った、無駄のない合理的で作りやすいレシピも好評。

アートディレクション　細山田光宣
デザイン　狩野聡子（細山田デザイン事務所）
撮影　鈴木正美
撮影アシスタント　重枝龍明
スタイリング　中山暢子
企画・編集　土居有香（メディエイトKIRI）
編集協力　広谷綾子
校正　安久都淳子

忙しい人でもすぐに作れる
冷めてもおいしい和のおかず

2015年10月 1 日　第1版発行
2021年 7 月 5 日　第14版発行

著者　大原千鶴
発行者　関口　聡
発行所　一般社団法人　家の光協会
〒162-8448　東京都新宿区市谷船河原町11
電話　03-3266-9029（販売）
03-3266-9028（編集）
振替　00150-1-4724
印刷・製本　図書印刷株式会社

乱丁・落丁本はお取り替えいたします。
定価はカバーに表示してあります。
©Chizuru Ohara 2015　Printed in Japan
ISBN978-4-259-56481-0　C0077